SIMONE DE BEAUVOIR

100 MINUTOS
para entender
SIMONE DE BEAUVOIR

astral cultural

Copyright © 2025 Astral Cultural
Todos os direitos reservados à Astral Cultural e protegidos
pela Lei 9.610, de 19.2.1998. É proibida a reprodução total ou parcial sem
a expressa anuência da editora.

Editora Natália Ortega
Editora de arte Tâmizi Ribeiro
Coordenação editorial Brendha Rodrigues
Preparação de texto Maria Teresa Cruz e Esther Ferreira
Produção editorial Manu Lima e Thaís Taldivo
Ilustração capa Bruna Andrade
Revisão Alline Salles
Revisão crítica Dara Medeiros
Capa Agência MOV

Dados Internacionais de Catalogação na Publicação (CIP)
Angélica Ilacqua CRB-8/7057

C386

100 minutos para entender Simone de Beauvoir / Astral
Cultural. — São paulo, SP : Astral Cultural, 2025.
112 p. (Coleção Saberes)

ISBN 978-65-5566-594-9

1. Filósofas – França – Biografia 2. Feministas – Biografia 3.
Beauvoir, Simone de, 1908-1986 - Biografia I. Astral Cultural
II. Série

24-5476 CDD 928.41

Índices para catálogo sistemático:
1. Filósofas – França – Biografia

BAURU
Rua Joaquim Anacleto
Bueno 1-42
Jardim Contorno
CEP: 17047-281
Telefone: (14) 3879-3877

SÃO PAULO
Rua Augusta, 101
Sala 1812, 18° andar
Consolação
CEP: 01305-000
Telefone: (11) 3048-2900

E-mail: contato@astralcultural.com.br

SUMÁRIO

Apresentação	7
Biografia	19
Contexto histórico	71
Legado	97

APRESENTAÇÃO

"Que nada nos defina, que nada nos sujeite.
Que a liberdade seja a nossa própria
substância, já que viver é ser livre."

Simone de Beauvoir

Simone de Beauvoir é uma das figuras mais debatidas e referenciadas do século XX. Seja pela sua vida profissional, pessoal ou mesmo pelo legado que deixou. Afinal, mesmo tantos anos após sua morte, ela segue como figura essencial no debate público de determinados temas, em especial no que diz respeito ao feminismo, e povoa o imaginário

Coleção Saberes

popular, até mesmo de seus algozes. É impossível ficar alheio à produção atemporal e robusta que Simone realizou em vida, sua existência política enquanto pensadora e mulher, e sua contribuição para as causas que acreditava.

O fato é que até mesmo quem não leu absolutamente nenhuma palavra escrita por ela ou pouco saiba sobre sua vida, já deve ter ouvido falar e talvez tenha até algum juízo de valor sobre Simone de Beauvoir (ou o feminismo, em geral). Sua vida e obra não só testemunharam, mas também participaram ativamente das transformações históricas e culturais que marcaram o século passado e, portanto, repercutem até os dias de hoje.

Simone de Beauvoir foi uma escritora de produção vasta e diversificada. Ela publicou muito e o fez constantemente. Escreveu sobre literatura, teatro, jornalismo e filosofia. Foi também politicamente ativa durante toda a sua vida. Seu engajamento como figura pública transcende, em muitos aspectos, o trabalho escrito, consolidando-a como uma voz proeminente no cenário intelectual e político da época. Inclusive, chegou a conhecer figuras como Che Guevara e Zhou Enlai, além de ter visitado a União Soviética. Tudo que vivia era sempre documentado com qualidade e disponibilizado para quem quisesse ler. Não por acaso virou referência para o existencialismo e algumas correntes da teoria feminista.

Além de participação política, engajamento, produção intelectual e artística impressionante, ainda era uma mulher profundamente interessante. Em sua vida, teve de lidar corajosamente com um mundo que sequer parecia grande o bastante para acomodá-la. Simone, que foi uma mulher ciente de sua historicidade, e capaz de enfrentar as contradições de seu tempo, bem como as suas próprias, optou por um estilo de vida absolutamente autêntico.

De forma simplificada, seu objetivo era existir da maneira mais radicalmente livre possível, ainda que tenha vivido um século atrás, algo que mesmo nos dias de hoje pode ser visto como intolerável pela sociedade para as mulheres. Simone era um escândalo e soube usar isso a seu favor.

Em muitos textos, com destaque especial para *O segundo sexo* (1949), desafiaria as concepções tradicionais sobre a natureza e o papel das mulheres na sociedade burguesa, assim como revelaria suas formas mais profundas e estruturais de opressão de gênero, lançando as bases para o movimento feminista moderno (daí os apelidos de "mãe do feminismo" para Simone e "Bíblia do Feminismo" para *O segundo sexo*).

Realmente, sem a contribuição de seu trabalho, a causa feminista estaria, certamente, alguns passos para trás.

No entanto, ao olhar para a Simone intelectual, para a Simone militante e para a Simone revolucionária, não podemos ignorar o que ela era: um ser humano real. Por trás de toda a mítica em torno de sua figura, está uma mulher que viveu intensamente à vanguarda do seu tempo.

Simone gostava de festas, cinema e boa comida. Sedutora, apaixonada e brilhante, ela sorveu a vida em toda a sua contradição, e marcou sua existência não pela simples qualidade daquilo que pensava, sentia e escrevia, mas também por sua capacidade (ou até necessidade) de situar sua vida inteira dentro de um projeto social maior, que perpassou toda a sua biografia. Ou seja, o problema dessa mítica ao seu redor é que ela nos aliena, justamente, da humanidade crucial dessa mulher. Para formar uma impressão verdadeiramente útil dessa figura, sua biografia não pode ser ignorada.

Simone Lucie-Ernestine-Marie Bertrand de Beauvoir veio ao mundo no seio de uma família de tradição burguesa em franca decadência. Por isso, desde muito nova, ela tinha uma noção clara de que seria responsável por si própria do ponto de vista econômico. Simone teria de trabalhar, dizia seu pai. Entretanto, apesar do declínio econômico, a posição social foi capaz de lhe proporcionar uma educação privilegiada e tradicional.

Sua mãe era profundamente católica e a colocou em um colégio religioso, mas não demoraria para que Simone trocasse a fé pelas letras. Beauvoir revelou apetite pelo conhecimento e pela investigação intelectual desde muito jovem, o que fez com que a carreira acadêmica e a escrita se tornassem um caminho quase natural.

Ela, de fato, escreveria de modo incansável até o final de sua vida — e com propósito. Seu trabalho também teria contornos muito pessoais e autobiográficos, sendo *ela no mundo* seu maior tema — se expondo em detalhes, consequentemente, aos olhares julgadores de uma sociedade extremamente conservadora. Como Simone mesma diria, anos mais tarde: "Não se pode escrever nada com indiferença". Não havia, de fato, indiferença alguma em seus trabalhos.

Aos quinze anos, já sabia com o que queria trabalhar, se reconhecia como ateia e desconfiava de instituições como o casamento. Sua formação inicial, que incluía estudos em matemática e literatura, forneceu-lhe as ferramentas necessárias para abordar uma variedade de questões com

Coleção Saberes

bastante discernimento, como uma pensadora renascentista o faria. Ainda muito nova deixaria de ser apenas uma estudante brilhante, para se tornar professora, dramaturga, filósofa e escritora de sucesso. Durante toda a vida adulta, se forjaria em uma intelectual notável.

Sua produção literária, além de robusta em quantidade, oferece profundidade surpreendente, trazendo uma visão íntima de sua própria vida e das complexidades das relações humanas. Simone foi uma memorialista excepcional e assinou ao menos 4 autobiografias: *Memórias de uma Moça Bem-Comportada* (1958), *A Força da Idade* (1960), *A Força das Coisas* (1963) e *Balanço Final* (1972).

Além disso, suas experiências serviriam também de fonte para livros que não eram inteiramente autobiográficos, ou seja, romances que misturam elementos de sua vida em uma narrativa ficcional, como sua obra de estreia *A Convidada*, que relata aventuras de um triângulo amoroso similar ao vivido entre ela, Jean-Paul Sartre e uma antiga estudante de nome Olga.

Seus textos são permeados de introspecção e honestidade brutal, até mesmo em suas polêmicas aventuras com jovens estudantes e Sartre, que são objetos de crítica de feministas contemporâneas. Ainda que consensuais, essas relações por vezes foram lidas como abusivas, porque implicariam trocas entre pessoas de experiência de vida e situação financeira muito distintas. Esse é um exemplo de como em toda a sua vida e obra se revelam as tensões entre o desejo individual e as expectativas sociais, assim como as contradições da alma humana.

Suas relações pessoais, inclusive seu relacionamento com Sartre, foram frequentemente

Coleção Saberes

objeto de debate público. Existem muitos produtos culturais (livros, filmes, peças) que tratam exclusivamente dessa, incomum, relação a dois, que foi pioneira no que se refere a um relacionamento aberto. Simone, além disso, era publicamente bissexual e sempre tratou com certa normalidade algo que, à época, despertava polêmica e fascínio.

Explorar a vida e o pensamento de Simone de Beauvoir, mesmo superficialmente, é um convite a refletir sobre questões fundamentais da existência humana e desmontar conceitos e preconceitos que habitam nossos modos de vida, afinal, suas ideias são intrinsecamente revolucionárias.

Muito daquilo que ela escreveu e pensou se tornou lugar comum em debates que nunca deixaram de atormentar conservadores, burgueses, reacionários e, é claro, machistas em geral. Sua obra originou termos que hoje são triviais, como "objetificação", e passou a ser adotada como base filosófica de diversas vertentes feministas contemporâneas. Tudo isso contribuiu para que Simone fosse considerada um dos maiores nomes da história da filosofia e, em especial, dos estudos de gênero.

1

BIOGRAFIA

> "Era-me mais fácil imaginar um mundo sem criador do que um criador carregado com todas as contradições do mundo."
>
> **Simone de Beauvoir**

No momento em que Simone Lucie-Ernestine--Marie Bertrand de Beauvoir abriu os olhos pela primeira vez, às quatro horas da manhã do dia 9 de janeiro de 1908, foi lançada em um belo cenário parisiense. A primogênita de três mulheres nasceu em um pequeno quarto com uma vista que dava para o, ainda hoje belíssimo, Boulevard Raspail. Seus pais eram Georges Bertrand de Beauvoir, um advogado em tempo integral e ator amador nas horas livres, e Françoise Brasseur de Beauvoir, uma mulher católica e conservadora.

Os primeiros registros fotográficos da infância de Simone, capturados no verão seguinte ao seu nascimento, mostram um retrato familiar repleto de sorrisos, cumplicidade e afeto, com seus pais, avô, tios e tias ao redor, compondo a imagem de uma família feliz e abastada da elite parisiense. Era, de fato, uma casa de tradição burguesa, mas que viria a passar por um momento de decadência e privação financeira após perderem a fortuna familiar quando Simone ainda era bem jovem.

Com uma fortuna fundada em ações de ferrovias e mineradoras na Rússia, investidas pelo avô materno de Simone, Gustave Brasseur, a família Beauvoir acabou sendo prejudicada após o início da Revolução Russa de 1917, cujo novo modelo político fez com que essas propriedades fossem estatizadas.

No entanto, esse fato não impediu que Simone tivesse uma infância de abundância — tanto ela quanto suas irmãs tiveram acesso a uma boa educação. Já na adolescência, passou a se dedicar exclusivamente aos estudo, já que, por ser um pouco desajeitada, nunca flertou com os esportes, prática bastante comum na alta sociedade francesa.

Apesar de estudiosa, esse período na vida de Simone foi marcado, sobretudo, por sua rebeldia. Criada por pais conservadores e autoritários, Simone se recusava a se submeter passivamente às regras estabelecidas em seu lar, mostrando uma determinação inabalável em afirmar sua individualidade e vontade própria. A insubordinação desencadeou frequentes explosões de raiva e frustração que já revelavam sua intensidade emocional, muito visível em seus textos.

Educação católica

Foi educada, ao lado de sua irmã Hélène de Beauvoir, no Institut Adeline Désir, uma escola católica para meninas, na qual se deparou mais uma vez com limitações impostas por estereótipos de gênero em uma sociedade obcecada pelo controle do feminino.

Católica ferrenha, sua mãe acompanhava as aulas das filhas, o que era uma prática comum naquele tempo e que Simone abominava. Não demorou muito para entender que a decadência financeira de sua família se tornaria um obstáculo para que ela e a irmã pudessem conseguir um marido rico, já que não tinham um bom dote, elemento crucial para casamentos dentro da alta sociedade europeia.

Essa situação, contudo, não era motivo de decepção. Pelo contrário. Ela pretendia viver com autonomia e do modo que bem desejasse. Sua irmã tornou-se artista plástica e ela, escritora.

Foi também ali, na Adeline Désir, que Simone conheceu Elisabeth Le Coin, a Zaza, que se tornaria sua melhor amiga durante os anos de juventude. Existem autores que acreditam ter sido a vida de Zaza que despertou a sensibilidade social e a relação especial de Simone com a pauta da função do casamento na vida da mulher. Essa leitura se baseia nos escritos de Simone sobre o triste relacionamento entre Zaza e Maurice Merleau-Ponty, que haviam sido apresentados um ao outro pela escritora. Eles haviam se apaixonado, mas a relação teve uma interrupção repentina e forçada por parte da mãe de Zaza, que a queria casada com outro membro da burguesia, visto que a filha tinha um belo dote. Tanto Maurice quanto Simone, considerados companhias ruins, foram afastados da jovem, obrigada a casar contra sua vontade. Após esses eventos, Zaza viveria uma vida curta e aparentemente infeliz, encerrada por uma encefalite, em 1929.

Aos quinze anos, Simone já tinha, ainda que secretamente, abandonado a religião católica e se encontrado no ateísmo, escolha que revelaria publicamente no período da faculdade e manteria até sua morte.

Decidida a se tornar escritora, Simone encontrou em seu primo Jacques Champigneulle um verdadeiro mentor e amigo, apesar da expectativa (jamais atendida) de sua mãe em conseguir um possível casamento entre os dois. Persistente em seus estudos, Simone passou nos vestibulares de matemática e filosofia da Universidade de Sorbonne, além de se dedicar à literatura e às línguas no Colégio Sainte-Marie de Neuilly.

Jornada intelectual
e encontro com Sartre

Esses anos formativos foram fundamentais para sua jornada intelectual, culminando em sua graduação com honras, em 1924. Na Sorbonne, Simone se tornaria uma estudante reconhecidamente brilhante e encontraria o círculo de amizades que mudaria sua vida, dando suporte para a existência que sempre sonhou. Iria, inclusive, encontrar seu grande amor e companheiro de vida, o filósofo e escritor Jean-Paul Sartre.

O encontro dos dois aconteceu quando Simone tinha 21 anos e era a mais jovem dentre os alunos da universidade. Nessa altura de sua carreira, ela se preparava para o disputado Exame Nacional — uma prova que selecionava os professores universitários da rede pública francesa. Foi neste contexto que Jean-Paul Sartre pediu para René Maheu, um

Coleção Saberes

amigo de ambos (e o seria por toda a vida), que a convidasse para o grupo de estudos sobre Leibniz, filósofo alemão que Simone havia estudado e sobre o qual entendia muito, tendo realizado até mesmo palestras a respeito dele. No entanto, Sartre não desejava apenas estudar Leibniz mais a fundo, embora estivesse interessado no aprendizado, mas tinha interesse em conhecer melhor aquela jovem fantástica.

Simone, por sua vez, se interessou em estudar com os rapazes, visto que estava em uma jornada dupla de estudos, para o Exame Nacional e também para a prova do mestrado. Porém, logo de início, não sentiu grande interesse em Sartre. Na verdade, naquele momento ela estava atraída por René Maheu, sujeito simpático e bem-apessoado que a apelidou carinhosamente de *beaver* (castor, em inglês).

Naquele grupo de intelectuais, Beauvoir encontrou um ambiente mais descontraído do que aqueles que habitara até então. Eles bebiam, fumavam, zombavam e falavam livremente sobre o que tinham interesse, atitudes que contrastavam com a formalidade com a qual ela estava acostumada. Até mesmo com Zaza, de quem ainda era muito próxima, existia uma certa cerimônia, fosse na forma de fazerem saudações ou no trato da fala.

Simone já participara de diversos círculos de intelectuais e era próxima de outros pensadores, como o próprio Merleau-Ponty. Contudo, existe uma considerável diferença entre conhecer e conviver com esses círculos, e de ser inserida plenamente no grupo intelectual dos irreverentes e divertidos gênios da época.

Nas semanas que antecederam o exame, Simone e Sartre se tornaram grandes amigos e

Coleção Saberes

ficavam praticamente o tempo todo juntos, fosse estudando, indo ao cinema ou passeando pelo cenário parisiense. Eles se entendiam muito bem e apreciavam a companhia um do outro. Nesses primeiros encontros, ainda não haviam desenvolvido (ou ao menos não concretizado) nenhuma relação amorosa, para além de uma genuína amizade.

E, de cara, a parceria intelectual deu resultado: ao final de 1929, estavam no Exame Nacional setenta e seis dos melhores estudantes de todos os cantos da França para competir pelo prestigioso prêmio. Os dois primeiros colocados, com pontuação significativamente maior que o terceiro colocado, foram Jean-Paul Sartre e Simone de Beauvoir, respectivamente. Ela iria para a Escola Normal Superior de Paris, onde a elite dos professores e intelectuais franceses estava.

Relacionamento não convencional

Não existe exagero algum em dizer que o encontro de Simone com Jean-Paul Sartre foi um divisor de águas na existência de ambos. A presença magnética e a mente afiada de Sartre encantaram Simone e vice-versa. Essa se tornaria uma das mais notáveis e complexas relações da história intelectual do século XX, material de infinitos trabalhos que vão da análise acadêmica ao puro jornalismo de tabloide. O relacionamento foi marcado por uma combinação única de amor, parceria intelectual e liberdade.

E isso não significa que tenha sido um relacionamento fácil, especialmente para Simone. Os dois encontravam-se no campus, conversavam sobre a vida, projetos pessoais e estudos. Quando não estavam juntos, escreviam longas cartas um para o outro. A sintonia entre os dois era inegável,

Coleção Saberes

assim como uma certa lógica de apoio e reconhecimento mútuo, que não compartilhariam com mais
ninguém.

No futuro, quando suas cartas foram estu-
dadas, viria à tona que dividiam até mesmo o abso-
luto desprezo com relação a quase todo mundo
com quem conviviam, inclusive as jovens com
as quais se relacionavam juntos. Eles, de fato, se
fecharam na importância que um dava ao outro e
não sobrou espaço para mais ninguém.

Embora nunca tenham se casado ou tido filhos,
viveram uma duradoura união não convencional,
que era aberta e baseada em certa igualdade, na
qual ambos tinham total liberdade para ter outros
relacionamentos, mas sempre dividindo respon-
sabilidades e colocando um como principal afeto
do outro. Esta decisão, que mesmo nos dias atuais
não seria plenamente bem vista ou aceita pela

sociedade, era, na França dos anos 1920 e 1930, radical e absolutamente escandalosa.

Para eles, entretanto, essa forma de se relacionarem representava a liberdade para cada um seguir seus próprios caminhos, algo que era de interesse de ambos e coerente com suas visões de mundo e filosofias pessoais. A liberdade (como conceito e prática), aqui, é um elemento crucial para entender essa relação entre amor e responsabilidade dos dois. Sartre e de Beauvoir não só permitiam, mas também encorajavam um ao outro a ter amantes e explorar outras relações, assim como conversavam interessadamente sobre elas.

O casal compartilhava uma conexão profunda e duradoura. Eles também se apoiavam mutuamente em seus empreendimentos intelectuais, lendo e revisando os trabalhos um do outro com rigor e respeito reservados apenas para eles próprios.

Coleção Saberes

Carreira e conflito global

No início dos anos de 1930, Simone começou a trilhar sua jornada como educadora, lecionando filosofia em Liceus femininos em Marselha e Rouen. Em 1936, retorna à Paris para dar aulas no Liceu Molière. Embora tenha encontrado satisfação em sua carreira como professora, sua paixão pela escrita começou a florescer nos anos seguintes. Então, ela passou a publicar ensaios e artigos em revistas literárias e filosóficas, explorando uma variedade de temas, desde questões existenciais até críticas sociais e políticas, já demonstrando a versão embrionária dos conceitos que elaboraria para toda sua vida.

Aquele período, acabaria ficando marcado por turbulências políticas na Europa à medida que o continente vivia a iminência da Segunda Guerra Mundial. Nem 20 anos tinham se passado desde a Primeira Guerra Mundial que agravou as desigualdades e colocou um tanto de descrença na humanidade, especialmente para as sociedades que viveram o horror de perto. Esses eventos influenciaram a produção intelectual da época, incluindo a de Simone, que, além disso, perdeu seu pai em 1941.

O conflito global explodiu no mesmo ano e logo a presença do Terceiro Reich chegaria ao seu lar. Durante a ocupação nazista, a França enfrentou um período sombrio, marcado pela presença militar alemã e pela opressão direta do regime.

Existem certas polêmicas a respeito da postura de Simone de Beauvoir durante o período da França colaboracionista (ou França de Vichy). Ocorre que ela atuava como jornalista neste contexto, trabalhando na Rádio Vichy, alinhada ao governo e, consequentemente, uma fonte sob censura e nada

Coleção Saberes

confiável, controlada pelos nazistas. Sua postura à época era a de simplesmente não publicar nenhuma opinião sobre o governo com o objetivo de proteger sua vida. Posteriormente, foram descobertos documentos que indicam que tanto Sartre como Simone escreviam em jornais clandestinos, em oposição ferrenha ao regime nazista.

Após o fim da Segunda Guerra Mundial, de Beauvoir permaneceu ativa como intelectual e ativista, comprometida em promover a justiça social e enfrentar todas as formas de opressão que era capaz de identificar. Seu engajamento político ao lado de Jean-Paul Sartre foi marcado pelo apoio a movimentos de esquerda e à defesa de ideias socialistas e marxistas — nem ela e tampouco Sartre deixaram de fazer parte da esquerda radical francesa durante sua vida. Inclusive, sua associação com o Partido Comunista Francês foi alvo de críticas, em especial a Sartre, por seu apoio declarado a Josef Stálin e a União das Repúblicas Socialistas Soviéticas.

Relatos de sua vida nesse momento podem ser encontrados em várias obras, como no romance ficcional *Os Mandarins*, que foi publicado apenas em 1954. Ambientado no cenário pós-guerra, o livro oferece uma visão penetrante da vida intelectual e política da época, explorando temas como engajamento político, compromisso social e os desafios da liberdade após um período de opressão e barbárie.

Inspirada por suas próprias experiências durante a guerra, de Beauvoir retratou os dilemas éticos e psicológicos enfrentados pelos personagens de um mundo em reconstrução com profundidade e sensibilidade únicos. Para muitos, essa seria sua obra seminal.

Coleção Saberes

Entretanto, foi bem antes, em *A convidada*, que se inaugura, de fato, a carreira literária de Simone de Beauvoir como romancista de talento incontestável. Publicado em 1943, o livro narra a história de uma mulher confrontada com as complexidades do amor, da liberdade e da identidade em tempos de incerteza. A trama teria sido baseada nas dinâmicas complexas de um relacionamento vivido entre Simone de Beauvoir, Jean-Paul Sartre e Olga Kosakiewicz, uma de suas alunas, em meados de 1932.

A protagonista enfrenta um dilema moral ao se ver envolvida em um triângulo amoroso, confrontando as expectativas da sociedade e os próprios questionamentos sobre liberdade e compromisso. O caso amoroso real gerou controvérsia dentro e fora dos círculos intelectuais da época, fato que não deve surpreender ninguém. A dinâmica do triângulo amoroso envolvendo pessoas de idades tão diferentes, aliada à postura não convencional de Simone e Sartre em relação ao amor e à monogamia, alimentou especulações e críticas, ampliando ainda mais o interesse público em torno de suas vidas pessoais e, consequentemente, suas obras literárias.

Entre polêmicas e criação filosófica

A natureza de seus relacionamentos, alguns dos quais começaram enquanto ela trabalhava como professora, seguem controversos, principalmente por terem sido uma constante na história do casal — Simone era atraente e sedutora, atraindo suas alunas antes de apresentá-las a Sartre. Outros exemplos bastante famosos dessa prática foram os casos da ex-aluna Bianca Lamblin, que alegou ter sido abusada por sua professora (de Beauvoir,

Coleção Saberes

na época, já tinha trinta anos), além da acusação de que, em 1939, ela teria seduzido outra aluna, Natalie Sorokine, de dezessete anos (no limite da idade legal de consentimento na época). Os pais de Sorokine fizeram acusações formais contra de Beauvoir e, como resultado, ela teve sua licença para lecionar na França revogada em 1943, perdendo seu emprego como professora.

Por essa razão, dois anos depois, de Beauvoir arriscaria sua primeira peça teatral: *Les Bouches inutiles*. Daí em diante, passaria a focar em sua carreira como escritora. Seu livro seguinte, publicado em 1945, explorava temas de resistência, responsabilidade e solidariedade em meio aos horrores da Segunda Guerra Mundial. O romance, ambientado na França ocupada pelos nazistas, segue as vidas entrelaçadas de seus personagens enquanto lutam contra a opressão e buscam encontrar significado em um mundo dilacerado por brutalidade e injustiça. Com prosa envolvente e visão penetrante, de Beauvoir mais uma vez demonstrou sua habilidade em capturar as complexidades da experiência humana e desafiar as noções convencionais de moralidade e dever.

Os Mandarins seria como uma continuação de *O sangue dos outros*, publicada anos mais tarde e bem mais famosa. Essas obras, juntamente com *A convidada,* foram uma espécie de trilogia da barbárie da guerra e da ameaça existencial representada pelo fascismo. Também durante o pós-guerra, inicia seu trabalho na publicação do *Les Temps Modernes*, uma revista fundada por Simone, Sartre e ninguém menos que Maurice Merleau-Ponty.

A primeira publicação foi em outubro de 1945, mês seguinte ao fim da Segunda Guerra Mundial, e o nome é uma referência direta ao filme de Charlie Chaplin, *Tempos modernos,* que trata da vida precarizada do trabalhador na sociedade industrializada. Os temas ali seriam variados, embora sempre tocassem os assuntos políticos que eram caros a Sartre, Simone e à vanguarda intelectual de esquerda da época. Falariam de direitos da mulher, dos trabalhadores e de outras minorias, assim como seriam espaço para críticas ao colonialismo da França e a outros tópicos espinhosos.

Les Temps Modernes viria a se tornar a mais importante revista literária do período pós-guerra na França. Muito prestigiosa, em especial nos anos 1960, o periódico durou décadas, excedendo em muito a vida de seus principais criadores, com as publicações encerradas apenas em 2019, após 74 anos da primeira edição.

Em 1946, Simone publica *Todos os homens são mortais*, obra que explora a busca pelo poder e pela imortalidade por meio da história de um aristocrata que era, realmente, imortal. Nessa altura da década de 1940, Simone já poderia voltar a lecionar, mas ela havia mergulhado de vez na carreira de escritora. Por essa razão, põe fim à carreira acadêmica, dedicando-se à escrita de textos filosóficos, marcando o período de produção mais importante de sua trajetória.

A primeira dessa leva de clássicos é o texto "Por uma moral da ambiguidade", um ensaio filosófico publicado pela primeira vez em 1947. Nessa obra, Simone propõe uma ética que se forja no reconhecimento da natureza ambivalente e contraditória da existência. Também discute sobre como a ambiguidade é uma característica essencial da condição humana, trazendo uma visão contestadora ao humanismo, que, até aquele momento da história, dominava a intelectualidade europeia desde o iluminismo.

De seu ponto de vista, a moralidade deve ser capaz de lidar com essa complexidade, pois simplesmente negá-la a uma cosmovisão binária e simplista seria um estrangulamento existencial contraproducente. Ela critica o dualismo simplista que separa o bem e o mal, o certo e o errado, argumentando que a realidade humana é muito mais complexa e sutil do que essas dicotomias sugerem.

É, também, uma espécie de alerta sobre como a natureza da moralidade não pode ser fixa e imutável, mas, sim, passar por um processo contínuo de questionamento e diálogo. Simone acreditava que só quando todos pudessem existir como sujeitos, em totalidade, a humanidade poderia gozar de liberdade plena. Ao longo do ensaio, também aborda questões clássicas do existencialismo, como liberdade, responsabilidade, poder e opressão.

Esse trabalho dialoga em profundidade com *O existencialismo é um humanismo*, de Sartre, que saiu no ano anterior, e procurava demonstrar uma releitura do humanismo sob a ótica da cosmovisão existencialista ateia. Algumas dessas teses ficam bastante explícitas também no ensaio "Pirro e Cinéias", que parte de um diálogo fictício entre Pirro e seu amigo Cinéias, dois personagens de Plutarco. A conversa se encerra quando Pirro é confrontado por Cinéias sobre o porquê de continuar conquistando territórios e não apenas descansar. Com essa pergunta, de Beauvoir explicita o desejo individual humano e como suas escolhas fazem sentido dentro de cada perspectiva. De qualquer forma, foi uma obra criativa e bastante

Coleção Saberes

eficaz, que atesta a sagacidade da autora em ilustrar seus pontos de vista de modo bem mais acessível que muitos dos seus contemporâneos (incluindo Sartre e outros existencialistas e intelectuais da fenomenologia).

Visita aos Estados Unidos

Ainda em 1947, Simone fez uma espécie de turnê de palestras, que duraria por volta de cinco meses, nos Estados Unidos. Decidida a ter uma experiência completa por lá e ciente de que Sartre também o faria durante sua ausência na França, procurou um amante que a acompanhasse durante todo esse período.

Foi em Chicago, que ela encontrou Nelson Algren, renomado escritor estadunidense, com quem viveria uma paixão inusitadamente intensa e longa, e, especialmente no sentido de intimidade sexual, ainda mais intensa do que a que viveu com Sartre, seu companheiro de vida. Esse relacionamento duraria dezessete anos, em paralelo ao "casamento" com Sartre. As fontes variam com relação às datas, mas, em meados de 1950, Nelson a pediria em casamento, apenas para receber a recusa por parte de Simone que, sabendo que não deixaria Jean-Paul Sartre e, tampouco, sua amada Paris, terminou essa relação.

Durante a estadia nos Estados Unidos, Simone publicou *L'Amérique au Jour le Jour* [América no dia a dia, em tradução livre] (1948), onde tece críticas sobre as desigualdades de classe e o racismo visceral que presenciou enquanto vivia no país. Aliás, mesmo vindo de um país colonialista, a escritora se espantou com o quanto as relações sociais nos Estados Unidos são demarcadas em uma estrutura racista e discriminatória.

Coleção Saberes

O segundo sexo

Em 1949, com a publicação do sucesso *O segundo sexo*, Simone se tornaria uma das mais proeminentes autoras da história da humanidade. Originalmente, a obra foi publicada na forma de um tratado, com trechos divulgados na *Les Temps Modernes*, e aborda questões fundamentais sobre a condição da mulher na sociedade, marcando um divisor de águas no movimento feminista e nos estudos de gênero.

Tendo, ao longo de toda a sua obra, reivindicado o corpo e a liberdade expressa de lidar com ele, é justo dizer que Simone contribuiu para o que viriam a ser esses estudos. Aclamado como "a Bíblia do feminismo", é possível que nem mesmo um epíteto como esse dará conta de tratar com profundidade da influência dessa obra até os dias atuais. Mas, certamente, você já leu ou ouviu a primeira frase da obra: "Não se nasce mulher, torna-se mulher", usada em estampas de camisetas, canecas, quadros ou para alguma legenda militante em redes sociais.

O livro foi, de cara, um imenso sucesso de vendas, emplacando a marca de 22 mil exemplares vendidos na primeira semana após o lançamento. A popularidade para um texto denso de filosofia foi impressionante e, evidentemente, o transformou em alvo de críticas por parte do Vaticano e de tantos outros movimentos de diversos espectros ideológicos. Além de trazer conceitos que perpassam as questões de gênero e sexualidade, *O segundo sexo* foi um manifesto de filosofia política. Foi um grito de cansaço diante da condição fática de que, sim, toda mulher precisa se validar na condição de gênero para realizar qualquer coisa, diferentemente dos homens, que podem apenas fazer.

Coleção Saberes

O primeiro volume de *O segundo sexo* contém fatos e mitos sobre as mulheres, analisando múltiplas perspectivas como a biológica, a psicanalítica, a materialista, a histórica, a literária e a antropológica. O segundo volume analisa o lugar da mulher no mundo, tanto em sua época quanto do ponto de vista histórico.

Ao escrever este livro, de Beauvoir abandonou a linguagem técnica de seus trabalhos anteriores, optando por um texto mais acessível, pois seu objetivo para esse trabalho era alcançar o público mais amplo possível, para que sua mensagem pudesse chegar e ser compreendida por um número maior de pessoas. Ela explora os mitos e os estereótipos em torno da feminilidade, contestando também perspectivas e teorias de figuras proeminentes do universo da filosofia, como Aristóteles, Sigmund Freud, Karl Marx e Engels. Esse gesto representou

50

uma ruptura com a tradição filosófica, além de uma tentativa bem-sucedida de inserir o debate feminista no cenário intelectual da época.

A obra emerge no momento de reconstrução da Europa, no pós Segunda Guerra Mundial, conflito que balançou também as estruturas de gênero da sociedade europeia. Durante o período da guerra, as vozes femininas começaram a ganhar impulso, notadamente por ter sido a força de trabalho principal dos países, que tiveram baixas significativas nas populações de homens que iam para os campos de batalha e não voltavam.

As mulheres passaram a se reconhecer como classe trabalhadora e cidadãs do mundo. Portanto, dentro do que propõe Simone, as mulheres deveriam realizar-se ainda mais como agentes sociais. Essa proposição ia completamente contra aquilo que defendia o próprio Estado francês e

Coleção Saberes

a burguesia, que via como necessidade fundamental a reafirmação dos papéis tradicionais de gênero para aumentar a população produtiva após a devastação da guerra.

O corpo da mulher e seus direitos reprodutivos eram pauta de uma sociedade que estava desgostosa com as recém-adquiridas autonomias femininas, um incômodo que perdura até os dias atuais. Enquanto refletia a respeito dos anseios e dos desafios de uma geração de mulheres que buscava por essa emancipação, Simone de Beauvoir tomou para si o papel de agente político e porta-voz das mulheres que buscavam essa autonomia e liberdade dentro da sociedade.

Um dos conceitos centrais da obra é a "alteridade", que destaca a forma como as mulheres são frequentemente definidas *em relação* aos homens, privadas de uma identidade própria e relegadas a uma posição subordinada na hierarquia social, em vez de poderem ser um agente social livre. Dentro desse conceito, de Beauvoir também introduz a noção de marginalização das mulheres como o "outro" em relação ao homem, que assumiria a posição central.

Assim sendo, o machismo faria parte de uma ideologia que perpetua a dinâmica de dominação e submissão, não apenas, mas especialmente, com o propósito de enriquecimento material e político de classes privilegiadas. Além disso, ela analisa criticamente a construção social da feminilidade e da maternidade, desvelando as estruturas de poder que necessitam da exploração do feminino para se manter de pé.

Apesar de ter imenso tom de novidade, a obra não aborda especificamente questões históricas das mulheres negras ou pessoas LGBTQIAPN+, nem

Coleção Saberes

outros temas pelos quais Simone não se sentia apta a discutir ou que ainda não eram efetivamente elaborados em seu tempo. A verdade é que ela tinha consciência de seus limites e reconhecia seu lugar de fala, mas isso não a impedia de se envolver em movimentos políticos e sociais fora de seu contexto pessoal.

Um bom exemplo de seu pioneirismo foi sua postura crítica e contundente ao colonialismo francês, particularmente durante a Guerra da Argélia (1954-1962). Essa não foi uma exceção, mas, sim, a regra, pois ela apoiava ativamente movimentos de independência e liberdade em todo o mundo.

O banimento de Simone nas livrarias

Logo no início da década de 1950, Simone lança *Memórias de uma moça bem-comportada*, um verdadeiro marco literário, afinal, foi sua primeira de muitas autobiografias. Neste relato, ela aborda memórias desde a sua infância até a juventude, revelando os desafios e as descobertas que moldaram sua jornada rumo à independência, à autenticidade e à realização como artista e intelectual. A publicação foi um verdadeiro sucesso, demonstrando que ela tinha vindo para deixar seu nome marcado na história e conquistar uma fama que jamais a abandonaria.

No ano de 1952, outro amor surge na vida de Simone de Beauvoir: Claude Lanzmann, importante cineasta e escritor francês. Antes de conhecê-la, já era um grande admirador de Jean-Paul Sartre e membro da redação da revista *Les Temps Modernes*, função que ocuparia por quase toda a vida. À época, a escritora tinha 44 anos e Lazmann, 27, mas isso não impediu um relacionamento de imenso afeto e admiração entre eles,

Coleção Saberes

que chegaram a morar juntos por cerca de dois anos, encerrando a relação em meados de 1954.

Mais ou menos concomitante com o término, Simone recebeu o Prix Goncourt, o mais alto prêmio para literatura da França pelo já mencionado *Os Mandarins*, tornando-se a terceira mulher a receber esse prêmio. Era o terceiro grande acerto em pouquíssimo tempo. Entretanto, a próxima movimentação polêmica aconteceria logo em 1955, quando Simone e Sartre foram convidados a visitar a União das Repúblicas Socialistas Soviéticas e a República Popular da China, sob cuidado direto e oficial das nações. Isso ocorreu meses após ela ter participado da conferência de Helsinki para a paz, demonstrando o alcance de sua voz e importância.

A oportunidade de conhecer a China após a revolução a convite de Zhou Enlai gerou frutos interessantes. A visita rendeu a publicação de um extenso relato, em 1957, que ela intitulou "A Longa Marcha". O texto trazia uma análise complexa a respeito de tudo aquilo que ela viu no país no período em que esteve lá. O teor desse texto fez a obra de Simone literalmente desaparecer de livrarias, bibliotecas e universidades nos Estados Unidos — o país da liberdade de expressão considerava inaceitável publicar uma autora que, supostamente, fazia propaganda comunista.

É importante destacar, no entanto, que o ensaio estava muito longe de ser uma peça de propaganda, ainda que sua autora fosse, de fato, comunista. Nessa obra, ela foca especialmente em questões como a cultura, a história e o povo chinês. Três anos depois, Simone e Sartre vão para Cuba, causando comoção similar. Nesse contexto, conheceram Che Guevara pessoalmente e sinalizavam outro evento simbolicamente político, que

Coleção Saberes

demonstrava que o engajamento deles não estava enfraquecendo com a idade.

Uma filha adotiva e anos produtivos

A década de 1960 começa com a chegada de Sylvie Le Bon, uma estudante de dezenove anos e grande fã do trabalho de Simone de Beauvoir — em especial do clássico *O segundo sexo* —, na vida do casal. Por meio de cartas, a jovem estabeleceu uma afetuosa amizade com a escritora, vindo a construir um laço tão forte que, ao fim da vida, Simone a adotaria formalmente como sua filha, com o objetivo de deixar a sua herança para essa amiga e confidente de longa data.

Não foi apenas na vida pessoal e política que os acontecimentos pulsavam na vida de Simone de Beauvoir, visto que os anos 1960 seriam muito produtivos. Ela já estava muito bem estabelecida como uma figura importante no cenário intelectual e político, com um conjunto de obras consistente e reconhecido. Ainda assim, tinha muito a dizer, então focou na escrita de mais dois romances, quatro autobiografias, além de uma grande variedade de outros escritos, participações em entrevistas e palestras dos mais diversos tipos.

Entre suas obras mais notáveis deste período estão *A força da idade*, publicado em 1960, um relato autobiográfico que aborda sua juventude e como iniciou seu desenvolvimento intelectual, e *A força das coisas*, de 1963, o segundo volume de suas memórias. Nessas obras, ela revelou experiências pessoais e reflexões sobre eventos marcantes da época, incluindo a Guerra Fria e a descolonização francesa na África.

Em 1962, Simone que, há mais de uma década se opunha à autoridade colonial francesa na Argélia,

Coleção Saberes

publicou em conjunto com Gisèle Halimi um relato chocante da tortura de uma jovem argelina, Djamila Boupacha. O posicionamento de Simone em relação à turbulência geopolítica desse período apontou, sobretudo, para uma dicotomia. A escritora era simpática à esquerda radical apesar de ter nascido e vivido em um país capitalista e colonialista — e de toda forma pôde oferecer uma perspectiva singular do conflito, expondo os sofrimentos vividos pelos povos colonizados.

A variedade dos temas que tratou, dentro e fora da literatura, durante essa década é impressionante: em meados de 1964, escreveu *Uma morte muito suave*, outro trabalho autobiográfico que narra os últimos anos de sua mãe, que faleceu em 1963. Françoise de Beauvoir e a filha viveram uma relação conturbada e sufocante, que marcou profundamente a visão de mundo de Simone, que

60

encontrava em sua mãe muitos dos traumas da condição relegada à mulher. De certa forma, essa relação tensionada seria a base da propagação de um trauma geracional.

No ano seguinte escreve *Mal-entendido em Moscou*, um olhar crítico sobre a política e a sociedade na União Soviética, baseado no período em que visitou a grande nação socialista. Em 1966, publica *As belas imagens*, um romance que examina as pressões sociais sobre a mulher moderna e, para muitos, sua obra melhor executada em termos de qualidade literária. No ano de 1967 lança *A mulher desiludida*, uma novela que mergulha nas complexidades dos relacionamentos e da feminilidade do século XX.

Essa variedade de preocupações e assuntos faz sentido, afinal, a década de 1960 em si, foi um período de revolução global em termos de

Coleção Saberes

costumes e manifestações sexuais e culturais, em especial com a popularização da contracultura, movimento multidisciplinar que antagonizava com toda e qualquer estrutura social da época, em especial os valores superficiais e repressores da classe burguesa conservadora.

Houve, portanto, uma crescente e inevitável convulsão política em todo o mundo. Na França, esses conflitos ideológicos encontraram seu ápice em maio de 1968, quando milhares de estudantes e trabalhadores influenciados por ideias anarquistas e marxistas se uniram em protesto para reivindicar medidas contra o conservadorismo do sistema educacional do país e contra a sociedade capitalista francesa. Tanto Simone quanto Sartre e pensadores como Michel Foucault, Gilles Deleuze, André Gorz escreveram sobre esse evento que foi fundamental para a história do país.

Mesmo fugaz, esse movimento iniciado por universitários franceses trazia bandeiras que suplantavam as idiossincrasias da sociedade francesa que iam desde a reforma da grade estudantil até o fim da guerra do Vietnã, passando pela crítica ao capitalismo e pela reivindicação de maior participação das mulheres na sociedade. Repentinamente, a mobilização ganhou notoriedade e começou a ser integrada com outros segmentos sociais, como os sindicatos dos trabalhadores, que fizeram desta a maior greve da história da França.

A tônica e importância do que aconteceu em 1968 seria percebida por Simone posteriormente, já na década de 1970, quando seu engajamento político se tornaria mais pragmático e refletiria a crescente conscientização global sobre as questões mais específicas do feminismo que tratou durante sua vida. Temas como a igualdade de

Coleção Saberes

gênero e os direitos civis e reprodutivos da mulher seriam maturados por ela nesse período.

Em 1971, por exemplo, assinou um importante manifesto feminista em nome do aborto. Três anos depois, tornou-se presidente da Liga Pelos Direitos das Mulheres, sempre buscando aprofundar as ações e reflexões do movimento organizado das feministas. Ela havia concluído que os feminismos de seu tempo eram demasiadamente teóricos e despreocupados com questões de classe, elemento importantíssimo de análise da contemporaneidade.

Na contrapartida de seu olhar prático para a atuação pública, as suas obras do período trabalhariam tanto reflexões mais profundas sobre a condição humana quanto suas experiências pessoais na maturidade. Começa a década com produções significativas sobre a questão do envelhecimento ao abordar perspectivas existencialistas e feministas que inspiraram tanto estudos de gerontologia quanto discussões sobre autonomia na velhice, com foco nas experiências femininas.

Um dos textos que se destacaram nesse sentido foi o ensaio intitulado "A velhice". Para a filósofa, que vivia em meio aos "trinta anos gloriosos" — período em que não somente a França, mas todos os países desenvolvidos passaram por grandes avanços econômicos —, marcados pela produtividade, competitividade e culto ao corpo, a pessoa idosa sofria um processo crescente de marginalização. Além de detalhar esse processo, Simone expõe na obra o que é sentir-se velho e a percepção da sociedade sobre o envelhecimento como sinônimo de obsolescência.

Em seguida publica *Balanço final*, de 1972, uma obra autobiográfica dedicada a Sylvie (sua futura filha adotiva, que já havia se formado como intelectual). Aqui ela oferece um olhar íntimo sobre sua vida e obra como um todo, promovendo um corajoso olhar para dentro de sua própria jornada até então. Sua última contribuição para a década de 1970 foi com a obra de ficção *Quando o espiritual domina*, de 1979, um romance, no qual de Beauvoir continuou a explorar temas existenciais e morais, mergulhando na complexidade das relações humanas e das lutas internas. À medida que os anos 1970 terminavam, Simone se percebia envolta às preocupações do fim de uma vida enquanto presenciava a deterioração física de seu parceiro.

A despedida a Sartre

A década de 1980 começa com um duro golpe: a morte de Jean-Paul Sartre, logo em 15 de abril de 1980. A ausência de Sartre, seu amado companheiro de vida e colaborador intelectual, provocou em Simone uma dor imensurável que a acompanharia até o final de sua vida. Em relatos posteriores, a escritora diria que a única forma que Sartre poderia magoá-la, de fato, seria morrendo. Aos 75 anos, escreveu sobre o falecimento de seu grande amor: "Sua morte nos separa. Minha morte não nos reunirá. É assim: já é muito bonito que, durante tanto tempo, nossas vidas tenham podido estar em perfeita harmonia".

Em 1981, ela lança *A cerimônia do adeus*, uma homenagem a Sartre, que traz o relato dos últimos dez anos de vida de seu companheiro. Nele, ela analisa como o amor e as perdas atravessaram sua própria jornada pessoal e intelectual e traz uma dura reflexão sobre seu medo inevitável da mortalidade, elemento implacável do destino humano. Seus últimos escritos, em geral, foram celebrações da vida, do amor e da liberdade, mas

Coleção Saberes

também meditações sobre o ciclo da existência e a finitude humana. Para ela, a velhice não deveria ser encarada como uma paródia decadente da vida anterior, mas, sim, como uma fase que oferece a oportunidade de continuar buscando significado e propósito, algo absolutamente necessário mesmo próximo do fim.

Os últimos anos de vida de Simone de Beauvoir foram marcados por uma produtividade impressionante, refletindo um compromisso um tanto quanto incansável com as próprias palavras e com suas lutas. Além de continuar escrevendo e publicando romances e ensaios políticos, seguiu engajada em questões sociais e políticas, destacando-se como intelectual pública e aparecendo em meios de comunicação diversos.

Simone esteve focada em continuar a viver do modo como sempre vivera, mas sem recalcar o desconforto do claro crepúsculo de sua própria vida. No dia 14 de abril de 1986, Simone se despediu da vida, deixando um imenso legado que marcaria gerações.

2

CONTEXTO HISTÓRICO

> "O presente não é um passado em potência,
> ele é o momento da escolha e da ação."
>
> **Simone de Beauvoir**

Simone de Beauvoir viveu em um período de relevantes transformações históricas e sociais. E isso não se restringia a Paris do começo do século passado, mas ao mundo como um todo: foram duas guerras, crises econômicas de potências mundiais, profundos movimentos de transformações sociais, de comportamento e culturais, e reordenamentos geopolíticos que passaram pela importante Guerra Fria.

Simone não apenas testemunhou todos esses processos como fez parte, na prática, de muitos deles, contribuindo com reflexões tanto na filosofia, como na política, passando pelo importante processo de emancipação da mulher no século XX. Ela impactou, mas também foi impactada pelos acontecimentos históricos de seu tempo.

Simone e o existencialismo

O existencialismo é uma corrente filosófica que se debruça sobre a relação do homem com o mundo, tendo como principais pilares a liberdade individual, a escolha e a responsabilidade. Os existencialistas acreditam que os indivíduos criam o significado da sua vida por meio das suas ações e decisões, e não pela busca de verdades universais.

Ele surge com base nas obras de filósofos como Søren Kierkegaard (pensador cristão considerado o pai do existencialismo) e Friedrich Nietzsche, entre o final do século XIX e começo do século XX, na Europa. Outros autores, em especial do campo da fenomenologia, também se relacionam com essa linha da filosofia, como foi o caso de Martin Heidegger.

O existencialismo ganhou destaque no período entre as duas guerras mundiais, especialmente na França, com figuras como Jean-Paul Sartre e Albert Camus, que inclusive nutriram uma amizade, rompida por divergências ideológicas inconciliáveis. Não é exagero dizer que o existencialismo se tornou a corrente filosófica mais popular da época para além da academia, transformando-se em uma espécie de vanguarda artística que interessou e influenciou muito os jovens da contracultura. Existia, de fato, uma certa mística ao redor dos cafés franceses e dos intelectuais com seus cigarros, que até hoje influencia o estereótipo do filósofo contemporâneo.

Coleção Saberes

Para Jean-Paul Sartre, que foi o principal expoente da corrente do existencialismo ateu, os seres humanos estão "condenados à liberdade", ou seja, são absolutamente responsáveis por suas escolhas e ações em um universo desprovido de ordem divina. Até mesmo a não ação seria uma escolha, portanto, renunciar ao reconhecimento da sua responsabilidade diante das escolhas é agir de má-fé. Também defendia que o exercício ético dessa liberdade é condição para nos formarmos como indivíduos. O que isso quer dizer? Basicamente, que as práticas das escolhas diárias da sua vida formam quem você é.

Para Sartre, não nascemos dotados simplesmente de uma personalidade transcendente ou inata, mas nossa existência no mundo nos garante essa formação. Ou seja, "a existência precede a essência", máxima principal do existencialismo sartriano (ou existencialismo ateu). Como ele mesmo explica: "O que significará aqui o dizer-se que a existência precede a essência? Significa que o homem primeiro existe, se descobre, surge no mundo; e que só depois se define".

Diante dessas sentenças fica fácil compreender a relação entre ideias, como "a existência precede a essência" e "não se nasce mulher, torna-se mulher". Assim como fica simples entender a noção proposta por Simone de que a mulher não pode ser realmente considerada livre antes de existir como sujeito, algo que não ocorre de fato na sociedade machista em que viveu.

Simone é, inclusive, considerada um expoente do existencialismo — muito embora parte importante de sua carreira como pensadora tenha sido criticando a postura dos existencialistas. O foco de sua crítica era que o grupo surgia de uma

Coleção Saberes

matriz eurocêntrica e que, por consequência, cometeriam os mesmos erros do humanismo em desenvolver um projeto de análise da humanidade que é enfraquecido filosoficamente pelo próprio lugar de privilégio daqueles que o elaboraram. Em suas palavras: "A representação do mundo é operação dos homens; eles o descrevem do ponto de vista que lhes é peculiar e que confundem com a verdade absoluta".

No que se refere a este debate filosófico, Simone também se preocupou em questionar pontos como a concepção tradicional de feminilidade e instituições como o casamento, não por um antagonismo moral, mas justamente por acreditar que esses elementos servem apenas como mecanismos de preservação dessa lógica opressiva que impossibilita a fruição da verdadeira autonomia feminina.

Aos seus olhos, não parecia ser coerente falar de liberdade sem levar em conta a interseção entre as preocupações existenciais e as condições materiais e históricas de cada indivíduo.

Existem pessoas que são mais livres do que outras, assim como existem situações em que não faz sentido afirmar que a liberdade humana é uma constante absoluta. Ou seja, o cerne da sua crítica aos filósofos existencialistas, incluindo Sartre, é justamente que eles ignoram as experiências específicas das mulheres e de outros grupos em suas análises daquilo que é "humanidade", destacando a importância de considerar as dinâmicas de poder e as normas sociais na formação da identidade e quais as implicações disso na distribuição de poder político na sociedade.

Exemplo disso é como, enquanto os homens são criados para alcançarem a *transcendência*, ou seja, para a mudança e o exercício de suas vontades, as mulheres são criadas para alcançarem *imanência* (manutenção do mundo). Desse modo, a função do feminino na sociedade torna-se a uma vida dedicada a cuidar, manter e servir àqueles sujeitos, ou agentes sociais, dotados de transcendência — que são, no caso do nosso mundo, os homens, que monopolizaram a transcendência.

Novamente, em suas palavras, "Toda a história feminina foi feita pelo homem. Assim como na América, não há problema com os negros, mas sim com os brancos; assim como o antissemitismo não é um problema judaico, é nosso problema; então o problema da mulher sempre foi um problema do homem".

Simone e o feminismo

"No dia em que for possível à mulher
amar em sua força, não em sua fraqueza,
não para fugir de si mesma, mas para se
encontrar, não para se rebaixar,
mas para se afirmar, nesse dia
o amor se tornará para ela,
como para o homem, fonte de
vida e não perigo mortal."

Simone de Beauvoir

A discussão acerca do feminismo ganhou terreno nas últimas décadas, especialmente por sua inserção em debates cada vez mais populares e pelo advento das redes sociais, que democratizam o acesso a referências, bem como tensiona posi-

Coleção Saberes

ções apaixonadas que o conceito suscita. O surgimento de novas correntes e interpretações sobre o feminismo, motivado por transformações sociais e um impulsionamento necessário de recortes raciais e de novos gêneros, faz com que o debate esteja muito longe de ser pacificado.

Se tentarmos definir o feminismo de forma simples, podemos dizer que se trata de um movimento que abrange um conjunto de demandas sociais, filosóficas e políticas, tendo como objetivo primordial a busca pela igualdade de gênero em todas as esferas da vida. Ou seja, a postura ideológica de quem defende o feminismo, ao menos hoje em dia, necessariamente é aquela de buscar igualdade em todas as esferas, que vão da vida pessoal até as vidas pública e socioeconômica.

O movimento surgiu no final do século XIX e início do século XX como resposta às opressões históricas e estruturais enfrentadas pelas mulheres de cada um desses tempos. Aquelas que poderiam ser consideradas as raízes do que se chama de primeira onda do feminismo foram as lutas das sufragistas. Naquele momento, o feminismo era focado principalmente na conquista de direitos básicos para as mulheres, como o direito ao voto e o acesso à educação formal — sem envolver-se diretamente no aspecto psicossocial das questões ligadas ao gênero.

A segunda onda do feminismo começa na década de 1960 e é nesta que Simone passa a ser considerada uma espécie de "mãe" para o movimento. Nessa onda, as feministas começaram a se concentrar em uma luta mais aprofundada e organizada por igualdade de direitos civis, políticos e sociais, desafiando as tradições e buscando mudanças efetivas nas políticas públicas e estru-

Coleção Saberes

turas sociais para garantir mais oportunidades às mulheres. Por exemplo, nesse contexto, levantaram-se debates sobre a autonomia das mulheres em relação ao casamento, à maternidade (direitos reprodutivos) e à vida econômica.

Para além de suas contribuições teóricas contidas em textos como *O segundo sexo*, de Beauvoir esteve ativamente envolvida em movimentos feministas ao longo de toda sua vida, em especial da década de 1970 em diante, apoiando organizações e campanhas que buscavam promover os direitos das mulheres e combater a discriminação de gênero em todas as suas formas.

Simone demonstrou um compromisso prático e consistente com a causa feminista, inclusive lutando por diversas reformas legais em seu país, como para a legalização do aborto. Inclusive, um dos pontos centrais das discussões feministas, especialmente durante a segunda onda, foi a questão dos direitos reprodutivos, que são aqueles que buscam garantir que as pessoas decidam livremente sobre sua reprodução e saúde sexual, incluindo elementos como o acesso a métodos contraceptivos e o direito ao aborto.

Para Simone, limitar a liberdade das mulheres, em especial com relação à sexualidade, era uma ferramenta de controle social dentro da sociedade capitalista, que reduz a mulher a reprodutora de trabalhadores e objeto organizador de heranças. Aliás, ter filhos foi uma política de Estado nos anos do pós-guerra na França, o que gerou uma onda de retrocesso social que tardou a passar e que Simone combateu a vida inteira.

A terceira onda do feminismo ocorre a partir dos anos 1990, algum tempo após o falecimento de Simone de Beauvoir. A partir desse momento, o movimento passa a ter uma perspectiva mais inclusiva, reconhecendo a interseccionalidade das opressões e buscando dar voz às experiências de mulheres de diferentes origens étnicas, socioeconômicas, sexuais e de gênero. Essa onda também enfatizou a importância do empoderamento individual e da diversidade de vozes dentro do movimento feminista, trazendo a vivência de pessoas *queer* para seu universo de preocupações.

Há ainda quem fale que a quarta onda do feminismo se desenrola no momento presente, mas só saberemos qual será a designação disso quando a história estiver sendo escrita daqui a alguns anos. Entretanto, algo é certo: Simone de Beauvoir seguirá sendo bibliografia básica para toda e qualquer pessoa interessada em envolver-se com o tema, assim como uma das figuras máximas no panteão de grandes representantes do feminismo.

Simone e a Segunda Guerra Mundial

A Segunda Guerra Mundial foi o conflito armado mais devastador da história, envolvendo a maioria das nações mais poderosas do mundo. Caracterizada por batalhas em múltiplas frentes e o uso de táticas brutais, essa guerra resultou em milhões de mortes, frutos tanto da destruição em larga escala por toda a Europa, Ásia, África e outros continentes quanto pelo extermínio institucionalizado de minorias étnicas.

A ascensão do nazismo na Alemanha, liderado por Adolf Hitler, e a expansão imperialista do Japão contribuíram para as tensões que culminaram no conflito global, cujos horrores deixaram um impacto profundo nas sociedades e nos indivíduos, moldando perspectivas políticas, filosóficas e culturais por décadas — não apenas pelos reflexos tenebrosos de uma humanidade que se percebeu

Coleção Saberes

capaz de se autodestruir com o poder das bombas atômicas, mas também pelo terror que a indústria da morte levantada durante o holocausto deixou.

Simone de Beauvoir viveu na França durante um governo colaboracionista, isto é, um governo nominalmente independente, mas subordinado ao Terceiro Reich. Philippe Pétain, líder do país na época, era nada menos que um fantoche autoritário. Ele censurava e perseguia toda e qualquer oposição. Naquele período, o povo francês vivia diante da força incomparavelmente maior das armas alemãs e em um contexto interno de antissemitismo e anticomunismo proeminente. Mas, é claro, não podemos ignorar que havia, sim, resistência e luta, mesmo quando Paris foi efetivamente ocupada pelas tropas de Adolf Hitler.

Simone e Sartre escapam da capital francesa, retornando apenas após os nazistas serem derrotados. Como era jornalista à época, de Beauvoir foi exposta à brutalidade da guerra e ao sufocamento via censura. Em *A força da idade*, a escritora relata que "politicamente, vimo-nos reduzidos a uma impotência total".

Durante a ocupação nazista, Sartre e Simone criaram um grupo de resistência conhecido como "Socialismo e Liberdade". O intenso engajamento político de Simone em oposição ao nazismo persistiu mesmo no pós-guerra, por meio da dedicação de parte significativa de seu tempo a racionalizar e compreender as consequências da guerra e a experiência do holocausto para a humanidade.

Simone e o colonialismo na Argélia

A Argélia foi uma colônia francesa entre meados dos anos 1830 até 1962, justamente o período em que Simone se engajou no ativismo político antico-

Coleção Saberes

lonialista. A região havia sido colonizada durante o período do chamado neocolonialismo europeu, marcado pelos avanços técnicos da revolução industrial. Logo que os colonos entraram no país, dizimaram um terço da população berbere, povo autóctone da região, sob orientação do Império francês, que passou a incentivar a ocupação dos territórios por seus cidadãos, que eram nada menos do que invasores muito bem armados e com nenhum apego à vida de quem quer que estivesse em seu caminho.

Apenas em 1865, uma lei foi promulgada permitindo que os argelinos se tornassem cidadãos franceses, contudo, isso exigia que abdicassem completamente sua identidade berbere, árabe e muçulmana. Um apagamento total da identidade e da história daquele povo. O sistema implantado pela França buscava não apenas a exploração dos recursos naturais da Argélia, mas também a imposição integral de sua cultura, burocracia e valores, reprimindo e marginalizando a cultura e quaisquer traços de identidade nacional argelina.

O colonialismo francês na Argélia foi caracterizado por uma exploração econômica intensa, expropriação das terras, opressão cultural violenta e discriminação sistemática contra a população argelina. Os argelinos eram tratados como cidadãos de segunda classe em sua própria terra, sujeitos a leis discriminatórias, além de serem efetivamente privados de seus direitos políticos e sociais mais básicos — lugares comuns da política colonialista europeia.

Durante a Segunda Guerra Mundial, entretanto, o domínio francês além-mar foi profundamente enfraquecido. Insurgências e conflitos começaram a proliferar ao redor do globo. Diante

Coleção Saberes

desse cenário de opressão e injustiça, seguido de enfraquecimento e desorganização do controle estatal francês, surgiram movimentos de resistência e luta pela independência da Argélia, dos quais Simone de Beauvoir foi uma apoiadora ativa, junto com parceiros como Albert Camus.

Simone esteve ativamente envolvida no apoio aos esforços de libertação da Argélia, participando de protestos, assinando petições e escrevendo artigos em solidariedade aos argelinos. Ela também foi extremamente articulada em suas críticas ao governo francês e sua política colonial, demandando ao governo da França o reconhecimento dos direitos do povo argelino à autodeterminação e independência. Sua voz influente deu muita projeção à causa, usando como veículo principal o *Les Temps Modernes*, mas trazendo a pauta para onde quer que fosse.

As lutas sociais que levariam a Argélia ao projeto de independência foram marcadas por uma série de eventos tanto na colônia quanto na metrópole, visto que estavam ocorrendo em um mundo já globalizado e na chamada "Era da Comunicação". Outras nações, em especial as do continente africano, viviam um momento de manifestações pacíficas, greves, levantes armados e rebeliões contra forças coloniais.

Em 1952, com o triunfo de Gamal Abdel Nasser em conquistar o poder no Egito, as políticas nacionalistas e anti-imperialistas floresceram em toda a região árabe da África, passando a acolher grande parte da dissidência das colônias, possibilitando uma articulação sem precedentes. Na Argélia, isso ampliou diferentes vertentes do nacionalismo argelino e foi crucial para o florescimento das insurgências.

Coleção Saberes

Em novembro de 1954, unidades guerrilheiras atacaram posições militares francesas em diversas cidades da Argélia, marcando o início de uma nova fase na luta pela independência. Além disso, um manifesto político foi amplamente divulgado mundo afora, exigindo a libertação do domínio colonial francês e destacando a importância da resistência armada.

François Mitterrand, então Ministro do Interior da França, declarou em reação ao manifesto, que "Argélia é França", recusando-se a negociar com os insurgentes. Essa recusa seguida de perseguição e tortura institucionalizada foi bravamente enfrentada pela Frente de Libertação Nacional da Argélia (FLNA).

O conflito na Argélia chegou a um ponto crítico com a eclosão da Guerra de Independência, ainda em 1954. Esse conflito se estendeu por oito anos e resultou em um custo humano devastador para ambos os lados. Apenas após quase uma década de guerra civil, imensa pressão internacional e um aumento cada vez mais expressivo da resistência interna do país, levaram a França a finalmente reconhecer a independência da Argélia em 1962, colocando, tarde demais, fim a cerca de 132 anos de colonialismo vergonhoso e manchado de sangue.

3

LEGADO

> "Querer ser livre é também
> querer livres os outros."
>
> **Simone de Beauvoir**

Praticamente todo intelectual ou artista busca certa forma de transcendência. Busca existir, participar, refletir e compreender em profundidade a realidade. Entretanto, não é sempre possível alcançar essa importância maior que a vida, que vai para muito além da finita existência de todo ser humano. Simone de Beauvoir, indubitavelmente, alcançou esses objetivos com a graça de quem contribuiu positiva e efetivamente para o mundo. Mas é evidente que não fez isso com uma benevolência genérica de alguém que se preocupa mais em ser percebido como agente de mudança positiva, do que sendo um

Coleção Saberes

de fato. Ela o fez atuando visceralmente no sentido de testar e desconstruir os alicerces daquilo que ela via como decadente. Seu legado é um de rompimento de todas as fronteiras intelectuais, políticas e sociais que achou possíveis. Foi interferindo em campos que vão da filosofia ao ativismo político, da literatura à crítica social e do relato íntimo à intuição mais absolutamente universal, sem medo nenhum de como o público a julgaria.

Dentro do campo do pensamento e filosofia, Beauvoir se consolidou como uma das figuras mais proeminentes, dentro e fora do existencialismo. Também foi responsável em parte pela construção dos Estudos de Gênero como disciplina formal, constituindo uma infraestrutura intelectual robusta para o desenvolvimento da segunda onda do feminismo, dentro e fora das universidades. Obras como *O segundo sexo* e *A mulher desiludida* representam uma ruptura tão radical com as concepções tradicionais sobre o papel das mulheres na sociedade que até hoje não perderam o ar de novidade.

A bibliografia de Beauvoir instigou uma leva de intelectuais feministas que usaram-na tanto para referenciar, quanto para questionar. Entre elas, Judith Butler, filósofa e teórica do movimento *queer*, analisou a obra de Simone desde a conceituação de gênero até concepções como a transcendência. Já a escritora canadense Shulamith Firestone dedicou uma de suas obras, *A dialética do sexo*, à Simone de Beauvoir. Esses são apenas reflexos do quanto o feminismo contemporâneo está em constante diálogo com a produção intelectual de Simone.

Na militância, ela foi uma líder importante de causas políticas variadas, sempre dentro do campo da esquerda. Ela foi uma defensora fervorosa da igualdade política, social e econômica das mulheres, desafiando instituições como o casamento e a maternidade compulsória. Foi uma pioneira, pois não apenas teorizou sobre a opressão das mulheres, mas também buscou formas práticas de desafiar e superar essas estruturas do patriarcado, servindo de exemplo para outras mulheres interessadas em se engajar politicamente. Isso tudo sem perder a autocrítica de seu lugar de privilégio, como europeia nascida em berço burguês. Essa noção e sensibilidade lhe permitiram se tornar uma voz proeminente na crítica anticolonial dentro da Europa, uma pauta que ainda na atualidade engatinha, mesmo anos após as independências da maioria de suas colônias.

Como escritora prolífica e versátil, Simone de Beauvoir deixou também uma marca indelével no cenário literário e cultural. Essa produção foi além de vasta, diversificada, pois abrangeu uma ampla gama de gêneros, desde romances e ensaios filosóficos, até memórias e peças teatrais.

Sua vida pessoal também oferece um tipo único de legado, pois ela encarnou tudo aquilo que acreditava em termos de filosofia e política em sua própria conduta pessoal, seja pela seu relacionamento não convencional com Jean-Paul Sartre, a sexualidade ou pela sua visão ambígua sobre a maternidade e casamento. Todos os pontos, inclusive, geraram controvérsias — uns a acusaram de ter abusado de seu poder para tirar vantagem de outras mulheres, outros discordam da ideia de Simone de que o casamento e a maternidade aprisionam as mulheres. No entanto, essas críticas não diminuem sua importância como intelectual, mas destacam a necessidade de uma análise cuidadosa e contextualizada de suas contribuições para a filosofia, assim como uma ponderação sobre o contexto em que vivia.

Coleção Saberes

O que há de brilhante nas produções de Simone, afinal, é a possibilidade de que suas ideias sejam não apenas material de estudo, mas também de reflexão e questionamento. Dessas últimas, originam-se as incalculáveis obras que partem do pensamento dela para abordar novas questões, mesmo aquelas referentes ao contemporâneo e às novas opressões e ambivalências que integram o universo da humanidade como um todo.

Essa natureza de influência sobre a realidade, sem dúvida, a faria profundamente satisfeita com seu legado, afinal, como ela disse em certa ocasião "Não há uma pegada do meu caminho que não passe pelo caminho do outro". Hoje em dia é simplesmente impossível, em especial para as mulheres, trilharem um caminho que não tenha sido, ao menos sutilmente, alterado pelos passos de Simone de Beauvoir.

Bibliografia

BEAUVOIR, Simone. *A Convidada*. Rio de Janeiro. 6ª ed. Nova Fronteira, 2020.

BEAUVOIR, Simone. *A força da idade*. Rio de Janeiro. 8ª ed. Nova Fronteira, 2020.

BEAUVOIR, Simone. *A força das coisas*. Rio de Janeiro. 7ª ed. Nova Fronteira, 2021.

BEAUVOIR, Simone. *Memórias de uma moça bem-comportada*.

BEAUVOIR, Simone. *O Sangue dos Outros*. Rio de Janeiro. Nova Fronteira, 2024.

BEAUVOIR, Simone. *O segundo sexo*: a experiência vivida.

BEAUVOIR, Simone. *O segundo sexo*: fatos e mitos.

BEAUVOIR, Simone. *Por uma moral da ambiguidade*.

FRANCIS, Claude e GONTIER, Fernande. Simone de Beauvoir.

ROWLEY, Hazel. *Tête-à-Tête*: Simone de Beauvoir e Jean-Paul Sartre.

SARTRE, Jean-Paul. A Idade da Razão.

SARTRE, Jean-Paul. O ser e o Nada.

SARTRE, Jean-Paul. O existencialismo é um humanismo.

Vídeos e Podcasts:

CINZA, E. **A verdade sobre Simone de Beauvoir! + easter egg**. Disponível em: https://www.youtube.com/watch?v=opS-FdptQr80. Acesso em: 9 out. 2024.

CPFL, C. F. **Café Filosófico | Simone de Beauvoir - Existe um conceito universal de mulher? | 14/05/2023**. Disponível em: https://www.youtube.com/watch?v=upAVdAcQFAA. Acesso em: 9 out. 2024.

DO SABER, C. **Simone de Beauvoir e a situação da mulher no mundo**. Disponível em: https://www.youtube.com/watch?-v=0wj3L6Kvnnl. Acesso em: 9 out. 2024.

LIMA, T. **Simone de Beauvoir e o contexto histórico de 'O segundo sexo' | filosofia | Thaís Lima #04**. Disponível em: https://www.youtube.com/watch?v=uCTg1UQmShM. Acesso em: 9 out. 2024.

LITERATURE-SE. **Simone de Beauvoir: uma vida. li a biografia dessa filósofa polêmica!** Disponível: https://www.

youtube.com/watch?v=Ky_F7YG7Iqk. Acesso em: 9 out. 2024.

THIS!, P. **Episode #089 Simone de Beauvoir**. Disponível em: https://www.youtube.com/watch?v=CmBVwRy8x3s. Acesso em: 9 out. 2024.

THIS!, P. **Episode #106 ... Simone DE Beauvoir – the ethics of ambiguity**. Disponível em: https://www.youtube.com/watch?-v=LPhpL-PrWXU. Acesso em: 9 out. 2024.

Artigos e Websites:

BOB, F. **Dica literária: Todos os homens são mortais**. Disponível em: https://devaneiosepoesias.wordpress.com/2018/03/06/dica-literaria-todos-os-homens-sao-mortais-simone-de-beauvoir/. Acesso em: 9 out. 2024.

BORGES, R. **Resumo: Existencialismo é um Humanismo**. Disponível em: https://www.professorrenato.com/resumo-existencialismo-e-um-humanismo/. Acesso em: 9 out. 2024.

BRASIL, E. M. **Educa Mais Brasil**. Disponível em: https://www.educamaisbrasil.com.br/educacao/noticias/maio-de-1968-voce--sabe-o-que-foi-esse-movimento-social. Acesso em: 9 out. 2024.

Cineasta francês Claude Lanzmann, diretor de "Shoah", morre aos 92 anos. Disponível em: https://www.folhape.com.br/cultura/cineasta-frances-claude-lanzmann-diretor-de-shoah-morre-aos-92-anos/73958/. Acesso em: 9 out. 2024.

DE BEAUVOIR, S. **Frases de Simone de Beauvoir**. Disponível em: https://www.pensador.com/frases_de_simone_de_beauvoir/5/. Acesso em: 9 out. 2024.

DIANA, D. **Simone de Beauvoir**. Disponível em: https://www.todamateria.com.br/simone-de-beauvoir/. Acesso em: 9 out. 2024.

Disponível em: https://bdtd.ibict.br/vufind/Record/UFF-2_96d-55d9844a6a46475f4a713545eb6b4 . Acesso em: 9 out. 2024.

EMIL. **Tudo sobre Simone de Beauvoir**. Disponível em: https://afrancesados.com/simone-de-beauvoir/. Acesso em: 9 out. 2024.

Existencialismo. Disponível em: <https://conceito.de/existencialismo>. Acesso em: 9 out. 2024.

Folha de S.Paulo – "Beauvoir me ensinou a ver o mundo" – 24/02/2011. Disponível em: https://www1.folha.uol.com.br/fsp/ilustrad/fq2402201112.htm. Acesso em: 9 out. 2024.

Existencialismo: entenda o que é. Disponível em: https://querobolsa.com.br/enem/filosofia/existencialismo. Acesso em: 9 out. 2024.

Filha de Simone de Beauvoir, Sylvie Le Bon lembra o cotidiano ao lado da escritora. Disponível em: https://revistamarieclaire.globo.com/retratos/noticia/2023/04/filha-de--simone-de-beauvoir-sylvie-le-bon-lembra-o-cotidiano-ao-lado-da-escritora.ghtml. Acesso em: 9 out. 2024.

GZH. **Marco do feminismo, "O Segundo Sexo", de Simone de Beauvoir, completa sete décadas**. Disponível em: https://gauchazh.clicrbs.com.br/cultura-e-lazer/livros/noticia/2019/06/marco-do-feminismo-o-segundo-sexo-de-simone-de-beauvoir-completa-sete-decadas-cjx9g784a01zu01o9jff0akxz.html. Acesso em: 9 out. 2024.

Internet Encyclopedia of Philosophy. Simone de Beauvoir. 2013. Disponível em: https://iep.utm.edu/simone-de-beauvoir/. Acesso em: 9 out. 2024.

LEHMANN, R. P. **A TRAJETÓRIA DE SIMONE DE BEAVOUIR: VIDA E OBRA**. Disponível em: https://www.redeicm.org.br/revista/wp-content/uploads/sites/36/2019/06/a1_trajetoria_simoneBeauvoir.pdf. Acesso em: 9 out. 2024.

OUPblog. Philosopher of the month: Simone de Beauvoir. Disponível em: https://blog.oup.com/2017/05/simone-de--beauvoir-timeline/. Acesso em: 9 out. 2024.

PACHECO, I. **A FNLA e a independência da Argélia**. Disponível em: https://mst.org.br/2021/11/01/a-fnla-e-a-independencia-da-argelia/>. Acesso em: 9 out. 2024.

Quem era Cineas, conselheiro de Pirro? Disponível em: https://pt.quora.com/Quem-era-Cineas-conselheiro-de-Pirro. Acesso em: 9 out. 2024.

Revista CULT. Disponível em: https://revistacult.uol.com.br/home/tag/simone-de-beauvoir/. Acesso em: 9 out. 2024.

RIBEIRO, R. M. **50 anos de Maio de 68: como a revolta estudantil inspirou a literatura**. Disponível em: https://www.metropoles.com/entretenimento/literatura/50-anos-de-maio-de-68-como-a-revolta-estudantil-inspirou-a-literatura. Acesso em: 9 out. 2024.

Sartre and Beauvoir in Cuba. The Human Front, 22 maio 2020. Disponível em: https://www.thehumanfront.com/pocket-sized-sartre-and-beauvoir-in-cuba/. Acesso em: 9 out. 2024.

SCHILLING, V. **Conheça a vida da filósofa Simone de Beauvoir**. Disponível em: https://www.terra.com.br/noticias/educacao/historia/conheca-a-historia-de-simone-de-beauvoir,48a26c5cefe0d00572b1eed7ef7e240dt6a91osm.html. Acesso em: 9 out. 2024.

Simone de Beauvoir: 13 frases para conhecer a filósofa feminista. Disponível em: https://www.uol.com.br/universa/noticias/redacao/2023/03/08/simone-de-beauvoir-frases.htm. Acesso em: 9 out. 2024.

Simone de Beauvoir: da velhice e da morte. Disponível em: https://www.digestivocultural.com/colunistas/coluna.asp?codigo=4015&titulo=Simone_de_Beauvoir:_da_velhice_e_da_morte. Acesso em: 9 out. 2024.

Simone de Beauvoir estudou dois anos de história e cultura chinesas para escrever A Longa Marcha. Disponível em: https://www.holofotenoticias.com.br/cultura/simone-de-beauvoir-estudou-dois-anos-de-historia-e-cultura-chinesas-para-escrever-a-longa-marcha. Acesso em: 9 out. 2024.

Simone de Beauvoir timeline. Disponível em: https://www.timetoast.com/timelines/simone-de-beauvoir-febed1ea-c8e-8-432a-a697-c91ec04fd7d5. Acesso em: 9 out. 2024.

THE INDVIDUALS. **Simone de Beauvoir**. Disponível em: https://www.tameri.com/exist/people/beauvoir/. Acesso em: 9 out. 2024.

Primeira edição (fevereiro/2025)
Papel de miolo Luxcream 80g
Tipografia Colaborate, Cheddar Gothic Sans e Visby
Gráfica Melting